T0054779

happy mami
(una mamá feliz)

Grupo ROBIN BOOK

Barcelona · México
Buenos Aires

happy mami
(una mamá feliz)

Un libro para las que acaban de ser
mamás o están a punto de serlo.

Ilustraciones de Berta Navascués

© 2011, Malsinet Editor, s. l., Barcelona

Ilustraciones: Berta Navascués

Diseño de cubierta e interior: Eva Alonso

ISBN: 978-84-96708-45-7

Depósito legal: B-4.890-2011

S.A. DE LITOGRAFIA
Ramón Casas, 2 esq. Torrent Vallmajor
08911 Badalona (Barcelona)
Tel. 93 384 76 76 Fax 93 384 78 39

Impreso en España - Printed in Spain

A mi familia y amigos.
Especialmente a Giank, Claudia,
Luigi, Austin y Fede, con quienes
cada aventura se convertía en viñeta.
Y a Víctor, mi complementario.

Asume que vas a ser mamá.

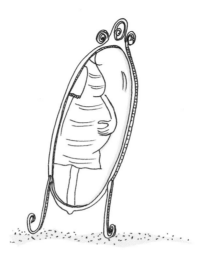

Habla con tu pareja antes de tomar decisiones importantes.

Prepara con antelación
la lista de cosas que
has de comprarle.

Escoge su nombre
con especial cariño.

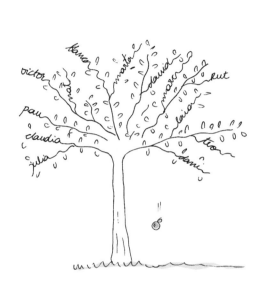

Decora con amor
la habitación de tu bebé.

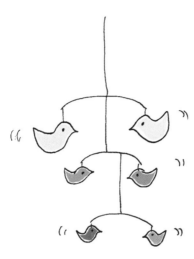

Prepáralo todo para recibirlo como se merece.

Cuéntale un cuento
cada noche.

Haz de cada comida
una fiesta.

Deja que tu bebé te guíe.

Descubre qué significan sus risas y sus sonrisas.

Disfruta de los momentos únicos.

Haz que el ritual del baño sea mágico.

Elige vestidos bonitos
que sean fáciles de poner.

Celebra su primer aniversario.

Encuentra tiempo para ir a la piscina o a una sesión en el gimnasio.

Enséñale a divertirse
con el agua.

Escucha sus primeras palabras
con atención.

Anticípate a sus deseos.

Enséñale un juego
diferente cada día.

Estimúlale a hablar desde
el primer momento.

Haz que su vida sea interesante
y divertida.

Hazle comprender
el sentido de las palabras.

Enséñale lo que está permitido
y lo que no.

Identifícate
con tu nuevo papel.

Invéntate historias en las que
él sea el protagonista.

Observa sus progresos
cuando camine.

Organiza bien el día y cómo
emplearás cada momento.

Pasa todo el tiempo
que puedas con tu bebé.

Pasead juntos.

Conviértete en la persona
más importante de su mundo.

Reconoce sus lloros
para saber qué necesita.

Recupera tu figura.

Acepta la ayuda de familiares
y amigos.

Busca un momento
para estar con tu pareja.

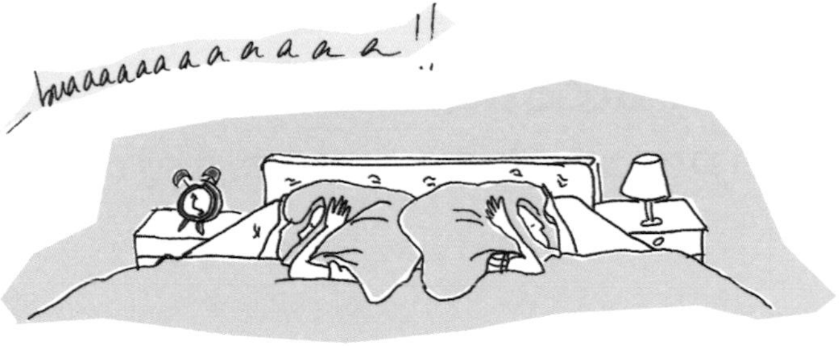
buaaaaaaaaaaa!!

Dale las buenas noches
al acostarlo.

Imita el sonido de animales
para hacerle sonreír.

Evita los peligros.

Vigílale de cerca cuando empiece a caminar solo.

Felicítale por sus esfuerzos con palabras entusiastas.

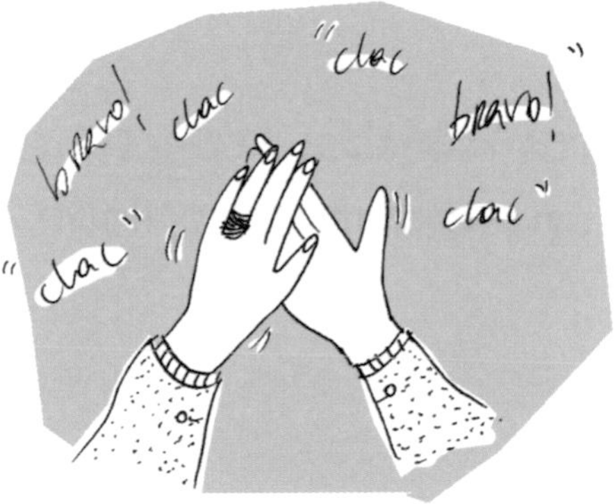
bravo!
"clac
"clac
bravo!"
"clac"
clac"

Dale una bolsa llena de sueños y objetos divertidos.

Ayúdale a reafirmar
su propia personalidad.

Comparte la comida
con tu bebé.

Reencuéntrate con él
después de un día de trabajo.

Hazle un regalo
de vez en cuando.

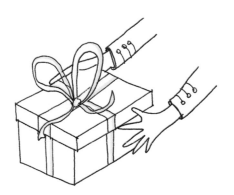

Da un paseo con él para
que se duerma.

Relaciona a tu bebé
con otros niños.

Trata de que esté cerca de los amigos y la familia.

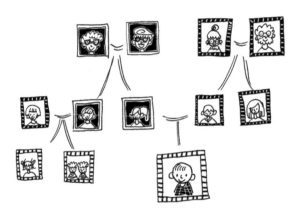

Tararea canciones
dulces para él.

Tu bebé se vuelve
independiente,
ya puede estar solo.

Procúrale un entorno positivo
y lleno de amor.

Recuéstalo sobre tu pecho.

Hazle participe de todo
lo que haces.

Intenta que el bebé duerma
y repose lo suficiente.

Crea esos lazos tan especiales
entre mamá y bebé.

Identifícate con su olor personal.

Tómate tiempo para descansar, escuchar música relajante o leer un libro.

Antes tenías varias teorías
sobre cómo criar a los hijos.
Ahora tienes varios hijos
y ninguna teoría.

No olvides que es sobre las rodillas de una madre donde se forma lo que hay de excelente en el mundo.